母に捧げる英単語・英熟語

～共通テストから MARCH レベル～

本坊　陽久

JN112242

アメージング出版

僕の母、本坊美佐代は２０１６年１月２０日、がんのため５７歳で死去しました。

　本書はこれから親元を離れて社会へと巣立っていく皆さんへの僕からのメッセージを、大学入試頻出の単語・熟語を可能な限り盛り込んだ１６３個の英文で構成しています。

　文章を読みながら高校生に大学入試に必要な単語・熟語の知識を覚えていただくことを第一の目的としているため、若干読みづらい表現になっていたり、日常あまり使われない表現を含んでいる文章が多々あることをあらかじめご了承ください。

CONTENTS

第1章　母を失って

２０１６年１月２０日午後１１時３２分、

母は還らぬ人となった。

人生最悪の日だった。

こんな日が来るなんて夢にも思っていなかった。

〔1〕 **Toughing** Mother's **cheek**, it was **amazingly** cold.

母の 【 頬 】 に 【 触れると 】 、【 驚くほどに 】 冷た
かった。

覚える

* **touch**　　【　　触れる　　】
* **cheek**　　【　　頬　　】
* **amazingly**　【　　驚くほどに　　】

※ **分詞構文** ・・・ ing 形または過去分詞形を使うことによって
接続詞と主語を省略。When I touched → 　Touching

〔2〕 リアライズドゥ　　デ ス　アキュートリー
　　I **realized** her **death acutely**.

母の 【 死 】 を 【 痛切に感じた 】。

覚える

* **realize**　　【　実感する、認識する　】
* **death**　　【　　死　　】
* **acutely**　【 痛切に、鋭く　※acute = 鋭い、激しい 】

6

〔3〕

Mother didn't **make a reply** to me.

That **meant** Mother didn't **exist** **anywhere**.

メント

　母はもう 【 返事を 】 してくれなかった。それは、母は
【 どこにもいない 】 ということを 【 意味していた 】。

覚える

* **make a reply** 【　返事をする　】
* **meant** 【　mean の過去形　意味した　】
* **exist** 【　存在する　】
* **anywhere** 【　どこにも　】

〔4〕

Stop **weeping**!! Your mother is looking at you!! "

My **uncle** **scolded** me.

「 【 泣くな 】 ！！ お母さんが見てるぞ！！」
【 叔父 】 に 【 叱られた 】。

お　じ　　　　　　　　　し　か

* **stop + ○○ing** 【 ○○するのをやめる 】
* **weep** 【 （涙を流して） 泣く 】
* **uncle** 【 叔父 】
* **scold** 【 叱る 】

---

〔5〕 It was **impossible for** me not to do that.

そんなこと言われても 【 無理 】 だった。

* **impossible** 【 不可能な 】
* **for ○○** 【 ○○にとって 】

※ impossible は I am impossible のように人を主語にして使うこ
とは基本的にはありません。

〔6〕 I didn't want to **part from** her.

But I **had to** do. I wasn't able to **defy** it.

【 お別れ 】 なんてしたくなかった。でも、【 しなくてはな らなかった 】。 【 逆らう 】 ことなどゆるされなかった。

覚える

* **part from** ○○ 【 v○○と別れる、離れる v 】
* **had to** 【～しなければならなかった ※ have to の過去形】
* **defy** 【 反抗する、逆らう 】

※ must に過去形はないので、「～しなくてはいけなかった」は have to の過去形、had to を使いましょう。

〔7〕 **It is** one year **since** Mother **passed away**.

母が 【 亡くなってから 】 1年 【 経った 】。

覚える

* **It is A since B** 【B から A ほどの時間が経過した】
* **pass away** 【 死ぬ 】

9

〔8〕 Mother has **appeared in** my dream **almost** every night.

母は毎日 【 のように 】 夢に 【 出てくる 】。

覚える

* **appear** 【 現れる、出てくる 】
* **almost** 【 ほとんど、ほぼ 】

〔9〕 And **every time** I wake up, I **perceive** Mother **is away**.

そして 【 目を覚ますたびに 】 母が 【 いない 】 こと
に 【 気がつく 】。

覚える

* **every time SV** 【 S が V するたびに 】
* **perceive** 【 気づく、理解する、悟る 】
* **be away** 【 離れている、その場にいない 】

〔10〕 It <u>sends</u> me <u>down to</u> the <u>depth</u> of <u>despair</u>.
デスペアー

それは僕を 【 絶望のどん底に突き落とす 】。

覚える

* **send A down to B** 【 A を B に突き落とす 】
* **depth** 【　　　深いところ、どん底　　　】
* **despair** 【　　　絶望　　　】

〔11〕 When I look at the **photograph** of the **deceased**
Mother , I **unconsciously** say, "Sorry , Mother ."
アンコンシャスリー

母の 【 遺影 】 を見ると、 【 つい 】 「 お母さんごめ

ん 」 と言ってしまう自分がいる。

覚える

* **photograph** 【　　　写真　　　】
* **deceased** 【　　　死んだ○○、故人　　　】
* **the photograph of deceased person** 【 遺影 】
* **unconsciously** 【　　無意識に、つい、ふと　　】

11

〔12〕 My <u>undutifulnesses</u> to Mother <u>come to my mind</u>.

アンデューティフルネシーズ

積み重ねてきた母への【 親不孝 】が【 思い出される 】。

覚える
* **undutifulness** 【　　　不孝　　　】
* **come to** ○○**'s mind** 【思い出される、思い浮かぶ】

〔13〕 "I have always <u>been scared of</u> my sons."

スケアードゥ

Three days before she died, Mother began

to <u>whisper</u> it <u>all of a sudden</u>.

「いつも息子たちが【 怖かった 】」死ぬ3日前、母が【 突然 】そう【 ささやき 】だした。

覚える
* **be scared of** ○○ 【 ○○を恐れる、怖がる 】
* **all of a sudden** 【　　　突然　　　】
* **whisper** 【　　　ささやく　　　】

〔14〕	" Their bodies are **much huger than mine**. If they **counter** me, I may get a serious **injury**."

「 体がわたしより 【 ずっと大きい 】。もし 【 反撃 】 し

てきたら、【 大怪我 】 を負うかもしれない」

覚える

* **much +** 比較級 　【 はるかに、ずっと○○だ

※差の大きさの強調 】

* **huge** 【 巨大な、でかい 】

* **counter** 【 反撃する、反論する 】

* **injury** 【 けが 】

※ than mine について、比較しているのは「私の体」なので、

than me は×

〔15〕	"But, they have no Mother **besides** me. No one can **tell them off except** me."

「でも、この子たちの母親は私 【 しかいない 】。 この子た

ちを 【 叱る 】 ことができるのは私 【 以外にいない 】」

〔16〕 " This is my **obligation**. I **by no means** shirk（シャーク）!! "

「これは私の 【 責任 】 だから、【 絶対に逃げない 】 ！」

* **obligation** 【 義務、役目、責任 】
* **by no means** 【 絶対に○○しない ＝ never 】
* **shirk** 【 （義務や仕事から） 逃げる 】

覚える

〔17〕 Mother lost her own mother **at the age of ten**. **Moreover**, since her mother **spent most of her time** in the hospital, Mother could **scarcely**（スカースリー） meet her.

母は 【 10歳の時に 】 母親（僕にとっての祖母）を亡くした。 【 しかも 】、祖母は 【 ほとんど 】 病院で 【 過ごしていた 】 ので、母は 【 ほとんど会えなかった 】。

> 覚える
>
> * **at the age of** ○○　【　　○○歳の時に　】
> * **moreover**　【　　　しかも、その上　　　】
> * **spend** ○○**'s time**　【　　　時を過ごす　　　】
> * **most of** ○○　【　　○○の大部分　　　】
> * **scarcely**　【　　ほとんど○○しない　　　】

〔18〕
"I'm <u>ignorant in</u> a mother. <u>Am</u> I <u>qualified</u> <u>for</u> mother ? "
（イグナラント）（クオリファイドゥ）

Mother always felt <u>severe anxiety</u>.
（シビア アンクザイエティー）

「私は母親というものを 【 知らない 】。私に母親 【 の資格 】 があるのでしょうか」 母はずっと 【 とてつもない不安 】 を抱えていた。

* **be ignorant in** ○○　【　　○○を知らない　】
* **be qualified for** ○○【 ○○の資格、能力がある 】
* **severe**　　【　　　極度の、ひどい　　　】
* **anxiety**　　【　　　不安、恐怖　　　】

---

〔19〕 | I had never **been concerned about** her **torment**.

　そんな母の 【 苦しみ 】 など 【 気にかけた 】 ことも

なかった。

* **be concerned about**【気にかける、関心をよせる】
* **torment**　　【　　　苦しみ、苦悩　　　】

※ have never + 過去分詞形 ・・・ **完了の経験用法**（～したこと

がない）。完了の３用法は大学入試でも必須なので今一度復習しまし

ょう。

第2章　突然のがん宣告

- -

２０１２年４月のある日、母は大腸がんを宣告された。

そのとき母は５３歳、僕は２４歳だった。

ここから３年９カ月の闘病生活が始まる。

〔20〕

The day Mother **was admitted to** the hospital
so as to **make preparations for** the **operation**,
(プリパレイションズ)
I felt **stillness** when I **was about to** **leave** home
for work.

母が 【 手術に備えるために入院した 】 日、仕事に 【 出よう 】 としたら、 【 静けさ 】 を感じた。

覚える

* **be admitted to** ○○ 【 施設などに入る、入会する 】
* **so as to** ○○ 　　【 ○○するために　＝in order to 】
* **make preparations for** 　【 　○○にそなえる 　】
* **operation** 　【 　　手術、操作 　　】
* **stillness** 　【 　　静けさ、静寂 　　】
* **be about to** ○○ 【 今にも○○しようとしている 】
* **leave for** ○○ 【 ○○へ向けて出発する、出ていく 】

〔21〕

Mother **would often** say to me,

"**Good luck with** your work."

　母は 【 よく 】 「 仕事 【 頑張ってきなさい 】 」
と言ったものだった。

覚える

* **would often** 【 よく○○したものだった 】
* **Good luck with** ○○【 ○○をがんばってください 】

---

〔22〕 I was wondering why I had **replied** her **laconically**.

　なぜそんな母にいつも 【 そっけない返事しかしなかった
のだろうか 】。

覚える

* **reply** 【　　　返事する　　　】
* **laconically** 【 そっけなく、言葉少なく 】

〔23〕 When I **glanced at** the kitchen, the **garbage** box **was filled with trash**.

台所 【 に目をやると 】、【 ゴミ箱 】 が 【 ゴミであふ
れていた 】。

> 覚える
> * **glance at** 【 ～をちらりと見る 】
> * **garbage** 【 ごみ、生ごみ 】
> * **be filled with** ○○ 【 ○○でいっぱいになる 】
> * **trash** 【 ごみ、くず 】

〔24〕 My shirt I **laundered by myself** was ^(リンクルドゥ)**wrinkled.**

【 自分で洗濯した 】 シャツには 【 しわが寄っていた 】。

> 覚える
> * **launder** 【 洗濯する 】
> * **by** ○○**self** 【 ○○自身で 】
> * **be wrinkled** 【 しわが寄っている 】

| 〔25〕 | Mother's **shape** doing housework
コームリー　アカードゥ
calmly **occurred to** me. |

【 黙々と 】 家事をしている母の 【 姿 】 を 【 思い浮か

べた 】。

> 覚える
>
> * **shape** 　【　　　姿、形　　　】
> * **calmly** 　【　　静かに、黙々と　　】
> * ○○　**occur to** ××【××が○○を思い浮かべる】

| 〔26〕 | It was **familiar sights** I had seen **any number**
of times, **and yet** it **seemed brighter** to me
than ever before. |

それは 【 何度も 】 見てきた 【 見慣れた光景 】だった。

【 それなのに 】、それは 【 それまでよりも輝いて見えた 】。

* **familiar** 【 見慣れた、よく知った 】
* **sight** 【 光景、眺め 】
* **any number of times** 【 何度も 】
* **and yet** 【 それなのに 】
* **seem** ○○ 【 ○○のように思える、○○のようである 】
* **bright** 【 明るい、輝いている 】
* **than ever before**【それまでよりも、今までよりも】

---

〔27〕　　　I <u>felt like</u> mee<u>ting</u> Mother <u>instantly</u>.

【 すぐに 】 母に 【 会いたくなった 】。

* **feel like** ○○**ing** 【 ○○したい気持ちになる 】
* **instantly** 【 すぐに、即座に 】

〔28〕

Instead of going work, I intended to go to

the hospital so that I would meet Mother,

but I abandoned it.

仕事に行く 【 代わりに 】 母に 【 会うために 】 病院

へ 【 行こうとした 】 が、それは 【 しなかった 】。

覚える

* **instead of** ○○　　【　○○の代わりに　】
* **intend to** ○○　【 ○○しようとする、計画する 】
* **so that SV**　【 S が V するために、するように 】
* **abandon**【(計画や習慣を) 途中で止める、断念する】

〔29〕

"Mother's **calamity** doesn't **have relation to**

the people in my workplace.

母の 【 災難 】 は職場の人たち 【 には関係ない 】。

〔30〕	So <u>if I were to</u> <u>cause trouble to</u> them for that, Mother would <u>lose her temper</u>."

　だから、もしそのことでみなさんに【 迷惑をかけたら 】、
母に【 怒られる 】 （と思った）。

※ 仮定法未来 ・・・ 未来にもし万が一 S が V するならばと
仮定する場合、if のうしろに were to か should がきます。

〔31〕 I **sensed** something **odd** to meet Mother at a place **other** **than** our house.

家 【 以外の 】 場所で母と会うのは 【 変な感じがした 】。

覚える

* **sense** 【 (動詞) 感じる、感づく 】
* **odd** 【 奇妙な、変な 】
* **other than** ○○ 【 ○○以外の 】

〔32〕 I **called on** Mother in hospital on weekend.
To be honest, I **was** a little **delighted**. Because,
アネスト
this was my first **devotion** to Mother.

週末、母を 【 見舞いに行った 】。【 正直言って 】、少し 【 うれしい 】 気持ちもあった。なぜなら、初めて母に 【 親孝行 】 できると思ったから。

〔33〕　Mother **unexpectedly** looked **cheerful**.

母は 【 意外と元気そうだった 】。

〔34〕　Of course, it was a **pretense** (プリテンス). Mother was a nurse.
So, she **was familiar with** the **fear** of a cancer.

もちろん、それは 【 (元気な) ふり 】 だった。母は看護師だったので、がんの 【 恐ろしさ 】 は【 よく知っていた 】。

26

* **pretense** 【　　ふり、みせかけ　　】
* **be familiar with** ○○ 【 ○○をよく知っている 】
* **fear** 【　　怖さ、恐怖　　】

---

〔35〕 " Is your work going <u>favorably</u>? "
フェイバラブリー

「仕事は 【 順調に 】 いってる？」

* **favorably** 【 順調に、好ましく 】 覚える

---

〔36〕 " Have your <u>diet</u> <u>inclined</u> to <u>nutritive</u> <u>bias</u>? ".

「【 栄養の偏った食事 】 してない？」

* **diet** 【　　食事　　】 覚える
* **incline (to)** 【 ～へかたむく、～におちいる 】
* **nutritive** 【 栄養の、栄養に関する ※ = nutritious 】
* **bias** 【　　偏り、偏見　　】
かたよ

27

| 〔37〕 | Mother just kept **be**ing **anxious about** me **even though** she was in the **ordeal**. |

母は自分が 【 大変な時だというのに 】、僕の 【 心配 】 ばかりしていた。

> 覚える
>
> * **be anxious about** ○○ 【 ○○の心配をする、気 にかける 】
> * **even though** 【 たとえ〜でも、〜なのに 】
> * **ordeal** 【 試練、苦難 】

| 〔38〕 | It was **futile** to tell her not to **be bothered about** me. |

母に僕のことは 【 心配 】 するな、なんて言っても 【 無 駄 】 だった。

> 覚える
>
> * **futile** 【 無駄な、無益な 】
> * **be bothered about**○○ 【○○を心配する、○○に悩む】

〔39〕	Although I had already **matured**, マチュアードゥ it was **irrelevant** to her. イ レ ラ バ ン ト

僕ももう 【 いい歳（その当時２５才） 】 だったけど、

そんなこと母には 【 関係なかった 】。

覚える

* **mature** 【　　　成熟する、発達する　　　】
* **irrelevant** 【　　　無関係な　※不適切な、見当違
いな　という意味もあります　】

〔40〕	I am her child **permanently**.

母にとって僕は 【 いつまでも 】 子供なんだ。

覚える

* **permanently** 【　永久に、いつまでも　】

〔41〕 **However old I become**, I am her son and she
is Mother **eternally**.

　僕が 【 どんなに歳を重ねても 】、僕は 【 いつになって
も 】 子供で、母は母なんだ。

```
覚える
* eternally    【　永遠に、いつまでも　】
* However 形容詞 + SV 【どれほど○○ S が V しても】
```

〔42〕 Mother is **incessantly** caring about me
（インセサントリー）
without fail even now.

　母は今でも 【 きっと 】 僕のことを 【 四六時中心配し
ている 】 のだと思う（天国で）。

```
覚える
* incessantly  【　絶え間なく、四六時中　】
* care about   【　気にかける、心配する　】
* without fail 【　間違いなく、きっと　】
```

〔43〕 **On the way home**, I **dropped in on** the **kindergarten** I had been to.

【 帰宅途中 】、通っていた 【 幼稚園 】 に 【 立ち寄った 】。

> 覚える
> * **on the way home** 【　帰宅途中　】
> * **drop in (on)** ○○ 【　○○に立ち寄る　】
> * **kindergarten** 【　幼稚園　】

〔44〕 It was **intermediately** **distant from** our **previous** house.
（インターメディエイトリー / プリビアス）

それは僕らの 【 以前の 】 家 【 からそこそこ距離があった 】。

> 覚える
> * **intermediately** 【 そこそこ、なかなか 】
> * **distant from** ○○ 【○○から距離がある、離れている】
> * **previous** 【　前の、以前の　】

〔45〕 Mother **intended to** **entrust** me to another
kindergarten **in the neighborhood of** our house.

（ネイバフッド）

母は僕を家の 【 近所の 】 ほかの幼稚園に 【 預けよう
としていた 】。

覚える

* **intend to V** 【（意図的に、計画的に）V しようとする 】
* **entrust** 【　　　預ける、任せる　　　】
* **in the neighborhood of** ○○ 【 ○○の近所に(の) 】

〔46〕 But I didn't **grant** her **persuasion** **stubbornly**
because my **intimate** friends **was to go** to
the kindergarten.

（スタバーンリ）

しかし僕は、 【 仲のいい 】 友達がその幼稚園に行く
【 予定 】 だったので、母の 【 説得 】 を 【 かたくなに
聞き入れなかった 】。

32

※ be 動詞+to+動詞 ・・・ 予定、義務、可能、運命、意志 を
　表す助動詞の代わりになる。（早い話が助動詞の can, must,
　should, will の代わり）

〔47〕	Because of that, Mother had to **take me to** the kindergarten by bike every morning. My **selfishness cost** her.

　そのせいで、母は僕を自転車で毎朝 【 連れて行かなくて
は 】 ならなかった。僕の 【 わがまま 】 母に 【 負担を
かけた 】。

33

〔48〕 My **countless** **naughtiness** had been **burdens**
to Mother many times since then.

（ノーティネス）

自分の 【 数えきれないほどのわがまま 】 がそれから何
度も母の【 重荷 】となった。

> 覚える
> * **countless** 【 数えきれないほど多くの 】
> * **naughtiness** 【 （子供の） わがまま、やんちゃ 】
> * **burden** 【 重荷、負担 】

〔49〕 I **profoundly** thought I was a **shameful** man
who hadn't grown up **in the least**.

【 まったく成長しない 】 自分を 【 心から恥 】 だと思っ
た。

> 覚える
> * **profoundly** 【 心から、深く 】
> * **shameful** 【 恥ずかしい、情けない 】
> * **in the least** 【 (not とセットで) まったく〜ない 】

〔50〕	"I will become a good son," I **covertly** **swore**.

「いい子になります」 と 【 ひそかに誓った 】。

覚える

* **covertly** 【　　　ひそかに、こっそり　　　】
* **swear** 【　　　誓う、固く約束する　　　】

〔51〕	フォーチュナテリー **Fortunately**, the operation was コンプリーティッドゥ **completed** **uneventfully**.

【 幸いにも 】 、手術は 【 何事もなく完了した 】。

覚える

* **fortunately** 【　幸運にも、幸いにも　】
* **complete** 【　完了する、完成する　】
* **uneventfully** 【 何事もなく、平穏無事に 】

〔52〕
After **recovering** **consciousness,**
コンシャスネス

Mother **perceived** Father and **expressed** a
パーシーブドゥ   エクスプレスドゥ

faint **relief**.
フェイント レリーフ

（全身麻酔から）【 意識を取り戻した 】 あと母は父に
【 気がつくと 】、【 かすかに安心したような表情をした 】。

覚える

* **recover** 　【　取り戻す、回復する　】
* **consciousness** 　【　意識　】
* **perceive** 　【　気づく、認識する　】
* **express** 　【　表す、表現する　】
* **faint** 　【　かすかな、わずかな　】
* **relief** 　【　安心、安堵　】

〔53〕
Tears were **overflowing** from my eyes.

I **dearly** thought, "Family is **fantastic**."

目から 【 涙があふれでていた 】。【 心の底から 】 家
族って 【 いいな 】 と思った。

覚える

* **tear**　【　涙、　（動詞で）引き裂く　】
* **overflow**　【　あふれる、こぼれる　】
* **dearly**　【　心の底から、深く　】
* **fantastic**　【　すばらしい　】

---

〔54〕

I **grasped** Mother's hand **firmly** and **resolved**
to do **whatever I can do** to **stand by** her.

ファームリー / リゾルブドゥ

母の手を 【 固く握りしめ 】、そして母を 【 支える 】 た
めに 【 できることならなんでもしようと決意した 】 。

覚える

* **grasp**　【　にぎる　】
* **firmly**　【　かたく、しっかりと　】
* **resolve to V**　【　V しようと決意する　】
* **whatever + SV**　【　S がV することはなんでも　】
* **stand by**　【　援助する、支える、味方する　】

37

〔55〕	However, **actuality** was not **indulgent**. **To be frank**, we **had a cancer in contempt**.

しかしながら、 【 現実 】 は 【 あまくなかった 】。

【 正直言って 】 、僕らはガンを 【 甘く見ていた 】。

覚える

* **actuality** 【 現実 】
* **indulgent** 【 甘い、寛大な 】
* **to be frank** 【 正直言えば 】
* **have ○○ in contempt** 【 ○○をあなどる、甘く見る、見下す 】

〔56〕	We thought **if only** a part of her **bowel** was **removed**, everything would **be disposed of**.

【 腸 】 の一部を 【 切除すれば 】 すべてが 【 片付く 】

と思っていた。

* **if only SV** 【　S が V さえすれば　】
* **bowel** 【　　腸　　】
* **remove** 【　　とりのぞく　　】
* **be disposed of** 【　片がつく、処理される　】

---

〔57〕

An <u>unforeseen</u> <u>incident</u> happened.

Just two weeks <u>later</u>, another cancer was found.
（レイター）

【 予期せぬこと 】 が起こった。（手術から）わずか2週間

【 後 】、ほかの箇所にガンが見つかった。

* **unforeseen** 【　予期できない、予想外の
　　　　　　　　　　　※foresee = 予期する　】
* **incident** 【　　出来事、事件　　】
* **○○ later** 【 ○○後 ※○○には時間の長さが入る 】

〔58〕 I <u>awfully</u> <u>quivered with</u> <u>enormous</u> <u>fright</u>.

クワイバードゥ　　　　　イノーマス

【 とてつもない恐怖に、体がひどく震えた 】。

覚える

* **awfully** 【 ひどく、はなはだしく 】
* **quiver with** ○○ 【 ○○で体が震える 】
* **enormous** 【 巨大な、とてつもない 】
* **fright** 【 恐怖 】

〔59〕 Mother was **compelled** to return the hospital.
Although she had been **released from** there **at length.**

レングス

母はまた入院 【 させられた 】。病院から 【 やっと解放
された 】 ばかりだったのに。

覚える

* **compel** 【 本人の意思に反して〜させる、強制する 】
* **release from** ○○ 【 ○○から解放する 】
* **at length** 【 ついに、やっと ※at last の形式ば
　ったバージョン 】

40

〔60〕	Since we **presumed** Mother had been <ruby>**cured**<rt>プレズームドゥ</rt></ruby>, everyone in my family **was depressed**.

母はもう 【 治ったものと思い込んで 】 いたので、家族全員が【 意気消沈した 】 。

覚える

* **presume** 【　　推定する、みなす　　】
* **cure** 【　　治す、治療する　　】
* **be depressed** 【　落ち込む、がっかりする　】

〔61〕	Mother said, "I **might as well** die **as go under the knife** again."

「 【 また手術を受けるぐらいならいっそ死んだほうがいい 】」 母が言った。

覚える

* **might as well B as A** 【　A するぐらいなら B したほうがいい　】
* **go(come) under the knife** 【 手術を受ける 】

〔62〕 Although I could only **stroke** her back, Father and my older brother said to her, "Don't be **wimpy**. **Combat** together."

僕は母の背中を 【 さする 】 ことしかできなかったが、父と兄が「【 弱気 】 になったらだめだよ。一緒に 【 闘おう 】」 と励ました。

覚える

* **stroke** 【　　　なでる、さする　　　】
* **wimpy** 【　　　弱気な、臆病な　　　】
* **combat** 【　　　闘う　　　】

〔63〕 The second operation was over without **mishap**. But, after that, **oppressive struggle** continued.

二度目の手術は 【 何事もなく終わった 】。 しかし、その後も 【 苦しい闘い 】 は続いた。

覚える

- * **mishap** 【 災難、事故、不幸 】
- * **oppressive** 【 つらい、過酷な 】
- * **struggle** 【 闘い、争い 】

〔64〕 <u>Distress</u> of <u>remedy</u> taking <u>anticancer drugs</u> was <u>beyond</u> our <u>imagination</u>.

【 抗がん剤 】 を服用する 【 治療 】 の 【 苦しみ 】 は
【 想像を絶するもの 】 だった。

覚える

- * **distress** 【 苦痛、苦しみ 】
- * **remedy** 【 治療 】
- * **anticancer drug** 【 抗がん剤 】
- * **beyond** ○○ 【 ○○を超える 】
- * **imagination** 【 想像 】

〔65〕 Side **effects** were **wrecking** her without **mercy**.

【 副作用 】 が母を 【 容赦 】 なく 【 むしばんでいた 】。

覚える

* **effect** 【 影響、作用 】
* **wreck** 【 攻撃する、破壊する、弱らせる 】
* **mercy** 【 慈悲、容赦 （人を哀れむ気持ち） 】

〔66〕 **Sickly feelings** and **headache** (ヘドエイク) **struck** her **repeatedly**. They **disabled** her **for** sleep**ing** and eating.

【 頭痛 】 や 【 吐き気 】 が 【 繰り返し 】 母を 【 襲った 】。それらは母の食事や睡眠を 【 できなくさせた 】。

44

覚える

* **sickly feeling** 【 めまい、吐き気 】
* **headache** 【 頭痛 】
* **strike** 【 打つ、襲う 】
* **repeatedly** 【 繰り返し、何回も 】
* **disable A for Ving**【 AがVするのを不可能にする】

| 〔67〕 | Mother was **rapidly languishing** and <br> becoming enfeebled visibly. |

母は【 急速にやせ細り 】、【 目に見えて弱っていった 】。

覚える

* **rapidly** 【 急速に 】
* **languish** 【 やつれる、衰える 】
* **become enfeebled** 【 弱る ※enfeeble = 弱らせる 】
* **visibly** 【 目に見えて、明らかに ※visible = 目に見える 】

〔68〕 It is **so painful that** some cancer **patients despair of healing**.

ペイシェンツ デスペアー

それ(抗がん剤治療)は【 あまりにつらくて 】、がん【 患者 】 の中には 【 治療をあきらめてしまう 】 人もいる。

覚える

* **so A that SV** 【 あまりにAなので、SがVする 】
* **painful** 【 苦しい、しんどい 】
* **patient** 【 患者 】
* **despair of** ○○ 【 ○○に絶望する 】
* **heal** 【 治す、いやす 】

〔69〕

Family is really **ineffectual**. <u>When it comes</u>
<u>to</u> <u>medical care</u>, we <u>have no choice but to</u>
<u>commend to</u> doctors.

インイフェクチュアル

家族なんか本当に 【 無力なもの 】。 【 医療に関するこ
ととなると 】 、医者に 【 ゆだねるしかない 】。

覚える

* **ineffectual** 【 無力な、無駄な 】
* **when it comes to** ○○ 【 ○○のこととなると 】
* **medical care** 【 医療 】
* **have no choice but to V** 【 V するよりほかない 】
* **commend to** ○○ 【 ○○にゆだねる、あずける 】

〔70〕 Patients' <u>vitality</u> <u>has an influence on</u> <u>progress</u> of <u>therapy</u>.

バイタリティー　　　　　　　インフレンス

セラピー

患者の 【 気力 】 が 【 治療に影響する 】。

覚える

* **vitality** 【 生命力、気力 】
* **have an influence on** ○○ 【 ○○に影響する 】
* **progress** 【 進行、進捗 】
* **therapy** 【 (長期の) 治療 】

---

〔71〕 So it was our only <u>role</u> to <u>hearten</u> her.

ハートゥン

なので母を 【 元気づける 】 ことだけが唯一の 【 役割 】 だった。

覚える

* **role** 【 役目、役割 】
* **hearten** 【 元気づける、勇気づける 】

---

〔72〕	I **inquired** myself about what I could do for Mother. I was **far from** a person who can give **bravery**.

自分が母に何ができるだろうかと 【 問うた 】。 僕は
【 勇気 】 を与えられる人間 【 とは程遠かった 】。

> 覚える
>
> * **inquire** 　【　　問う、尋ねる　　】
> * **far from** ○○ 　【　　○○とは程遠い　　】
> * **bravery** 　【　　勇気　　】

〔73〕	All my dreams didn't come to **attainment** and I had **barely** **made a living by** work**ing** as a **cram** school teacher.

すべての夢が 【 実現 】 せず、塾講師の仕事（アルバイト）で 【 なんとか生計を立てていた 】。

* **attainment** 【 実現、達成 】
* **barely** 【 かろうじて、なんとか 】
* **make a living** 【 生計を立てる 】
* **by ○○ing** 【 ○○することによって 】
* **cram** 【 詰め込む ※cram school = 塾 】

---

〔74〕 I had been a **trifling** man who had **neither** **aim** **nor** **ambition**.

【 夢も野心もないつまらない 】 人間だった。

* **trifling** 【 つまらない、取るに足らない 】
* **neither** ○○ **nor** ×× 【 ○○も××も〜ない 】
* **aim** 【 目標、計画、志 】
* **ambition** 【 野心、野望 】

| 〔75〕 | " I **would like** him **to** be a **respectable** person who can **contribute to** ソサイエティー **society**."   Mother said to my high school teacher. |

「【 社会に貢献 】 できる 【 立派な 】 人になって【 ほしい 】」 母が高校のころ担任教師に言った (のを思い出した)。

覚える

* **would like** ○○ **to** ×× 【○○に××してほしい】
* **respectable** 【 立派な、ちゃんとした 】
* **contribute to** ○○ 【 ○○に貢献する 】
* **society** 【 社会 】

〔76〕	<u>**What was worse**</u>, I was <u>**forsaken**</u> by my lover. I <u>**was disgusted with**</u> my life.

　【 そのうえ 】、愛する人からは 【 捨てられた 】。　自分
自身が人生に 【 うんざりしていた 】。

覚える

* **what is worse** 　【　　さらに悪いことに　　】
* **forsake** 　【　　　見捨てる、見放す　　　】
* **be disgusted with** ○○ 【 ○○に嫌気がさす、う
んざりする 】

〔77〕	<u>**Each time**</u> I saw mothers back getting smaller <u>**by degrees**</u>, a sense of <u>**sin was swelling**</u> better.

　母の 【 だんだん 】 小さくなっていく背中を見る 【 た
びに 】、 【 罪悪感 】 が 【 増した 】。

〔78〕

Mother wanted to be an English teacher when she **was in her teens**. But she was **deserted** by his father and couldn't **afford to** go to a university.

　母は 【 １０代のとき 】 英語教師になりたかった。しかし、母は父親に 【 捨てられ 】 大学に 【 （経済的に）通えなかった 】。

〔79〕	She **unwillingly** went on to a **national** nurses' school whose **tuiton** _{チューシャン} was free.

母は 【 授業料 】 が無料の 【 国立の 】 看護学校へ【 仕方なく 】 進学することになった。

覚える

* **unwillingly** 【　　仕方なく、嫌々　　】
* **national** 【　　国の　　】
* **tuiton** 【　　授業料、月謝　　】

〔80〕	**Therefore**, she **managed to** pay our school **expenses**, getting into much **debt**.

【 そういうわけがあって 】、母は多額の 【 借金を抱えながら 】 僕ら（3兄弟）の 【 学費 】 を 【 なんとか捻出した 】。

覚える

* **therefore** 【 それゆえ、そういうわけで 】
* **manage to V** 【 　　　　なんとかVする　　　 】
* **expense** 【 　　費用　　 】
* **debt** 【 　　借金　　 】

〔81〕 Looking back her long <u>toil</u>, I <u>couldn't help but</u> have a <u>qualm about</u> her.

母の長い 【 苦労 】 を振り返ると、母への 【 うしろめたさ 】 を 【 感じずにはいられなかった 】。

覚える

* **toil** 【 　　苦労　　 】
* **can't help but V** 【 　Vせずにいられない　 】
* **qualm about** ○○ 【 　○○へのうしろめたさ、良心のとがめ 】

55

〔82〕 I **set out to** **meditate on** my best "**Contribution**".

僕は自分にできる 【 （社会）貢献 】 について 【 深く
考え始めた 】

覚える

* **set out to V** 【 V し始める、V しようとする 】

* **meditate on** ○○ 【 ○○について深く考える 】

* **contribution** 【 貢献、寄与 】

第3章　いつも優しかった母

少年時代からずっと、つらい時も悲しい時も、

いつも母は優しかった。

いつも母に助けられてばっかりで、いつも母に甘えていた。

〔83〕

I have a big **fault**, I am **faint - of - heart**.

So I can **hardly** **express** my **thought**.

Such my **disposition** has made many

other people **irritated** and **brought about**

many troubles in **human relations**.

フォールト

僕には 【 気が弱い 】 という一つの大きな 【 欠点 】 がある。そのため 【 考えていること 】 を 【 ほとんど言えない 】。 そうした僕の 【 性質 】 が多くの人を 【 いらだたせ 】、そして 【 人間関係 】 において多くのトラブルを 【 引き起こしてきた 】。

覚える

* **fault** 【　　　欠点、弱み　　　】
* **faint - of - heart** 【　気が弱い、臆病な　】
* **hardly** 【　　　ほとんど○○しない　　　】
* **express** 【　　表す、表現する　　】
* **thought** 【　　　考え、思い　　　】
* **disposition** 【　　性質、気質　　】
* **irritate** 【　　いらだたせる　　】
* **bring about** 【　引き起こす、原因になる　】
* **human relations** 【　　　人間関係　　　】

〔84〕 Strong-minded people always say, "If you want to say anything, say it **explicitly**," but it isn't easy to change my **inherent character**.

気が強い人たちは「言いたいことがあるなら 【 はっきり 】言ってみろ」と言うが、 【 生まれつきの性格 】 を変えることは容易ではない。

覚える

* **explicitly** 【　　　はっきりと　　　】
* **inherent** 【　　　生まれつきの　　　】
* **character** 【　　　性格、特徴　　　】

〔85〕 When I was eight, my teacher **in charge** was a short-tempered **elderly** woman.

僕が小学3年のとき、【 担任の 】 教師は気が短い 【 初老の 】 女だった。

覚える

* **in charge (of ○○)** 【（○○の）担当の、担任の 】
* **elderly** 【　　　初老の、年配の　　　】

〔86〕

I was always **reproved** by her **for** my too

quiet voice. She said to me, "Aren't you a boy?

I **detest** a **diffident** boy like you!"

　僕はいつもあの女に声が小さいと【 叱られた 】。「本当に男か？ お前みたいな【 内気な 】やつは【 嫌いだ 】」あの女は僕にそう言った。

覚える

* **reprove** ○○ **for** ×× 　【 　○○を××のことで叱る、非難する 】

* **detest**　【 　ひどく嫌う、嫌悪する 】

* **diffident**　【 　内気な、自信のない 】

[87]

She told me to speak clearly, **threatening**
（スレットニング）
me with a loud voice. Strong-minded
people often say such a **contradictory**
thing **without scruple**.

はっきりしゃべれと、大声で【 脅し 】ながら言われた。
気の強い人たちはよくこういう【 矛盾した 】ことを【 平
気で 】 言ってくる。

覚える

* **threat** 【　　　脅す、おどかす　　　】
* **contradictory** 【　　矛盾した　　】
* **without scruple** 【　　平気で　　】

〔88〕
When I **was**n't **capable of** do**ing** division ディビジョン

even if I had tried it **numerous** ニューメラス times, she

was fed up and said, "Your brain is a zero."

　僕が 【 何度も 】 やっても 【 割り算 】 が 【 できな
い 】 と、あの女は 【 あきれて 】、 「お前の脳みそ0点」
と吐き捨てた。

覚える

* **be capable of Ving** 　【 V することが(能力的に)
　できる 】
* **division** 　【　　　分配、分割、割り算　　　】
* **numerous** 　【　　　非常に多くの、多数の　　　】
* **be fed up** 　【 うんざりする、あきれる、嫌になる 】

(89)	<u>Worse still</u>, she <u>was unwilling to</u> teach me by herself and <u>consigned me to</u> one classmate who was <u>competent</u>.

【 しかも 】、あいつは自分で教えることを 【 嫌がり 】、クラスの【 できる 】 やつに (僕に教えることを) 【 丸投げ 】 した。

覚える

* **worse still** 【 しかも (さらに悪いことに) 】
* **be unwilling to V** 【 V することを嫌がる 】
* **consign ○○ to ××** 【 ○○を××に任せる 】
* **competent** 【 有能な、優秀な 】

〔90〕

"You **appear to** smell **awful**, Hombo," she said.
One **vicious** boy heard that.
ビシャス

「本坊って、【 見るからに臭そうだよな 】」 あの女が言った。ある 【 意地の悪い 】 （クラスの）男子がそれを聞いていた。

覚える

* **appear to V** 【 　 V しそうに見える 　】
* **awful** 【 　　　ひどい 　　　】
* **vicious** 【 　　意地の悪い 　　】

〔91〕

He **dubbed** me "Bad Smell," and it **spread** around the class **in a short while**.

彼は僕に 「くさいくん」 というあだ名をつけ、それは
【 すぐに 】 クラス中に 【 広まった 】。

覚える

* **dub** 　【 あだ名、ニックネームをつける 】

* **spread** 　【 広がる、広まる　※過去形スペル同じ 】

* **in a short while** 　【 　　　あっという間に　　　】

---

〔92〕

However, her **attitude** was **decidedly** different when she **faced** Mother.

しかし、母と 【 対面した 】 ときのあの女の 【 態度 】
は 【 まったく 】 ちがった。

覚える

* **attitude** 　【 　　　態度　　　】

* **decidedly** 　【 　まったく、明らかに 】

* **face** 　【 　　向き合う、対面する　　】

[93]

She said, "Your son is a **striver**, **earnest**,

really **splendid**!! " I knew her words

were **insincere** **compliments**

あの女は 「息子さんは 【 がんばり屋さん 】 で 【 ま
じめ 】 で本当に 【 立派 】 です！」 などと言った。ぼく
にはそれが 【 心にもないお世辞 】 であることはわかって
いた。

> 覚える
>
> * **striver** 【 努力家 】
> * **earnest** 【 真面目な、誠実な、熱心な 】
> * **splendid** 【 すばらしい、立派な 】
> * **insincere** 【 不誠実の、本心を偽っている 】
> * **compliment** 【 褒め言葉 】

〔94〕 <u>The way she smiled</u> was too <u>artificial</u>.

あの女の 【 笑い方 】 はあまりにも 【 不自然だった 】。

覚える

* **the wat SV** 【 SのVの仕方、SがVする方法 】
* **artificial** 【 人工の、不自然な、わざとらしい 】

〔95〕 However, I had no courage to say,

"She is <u>deceiving</u> you, Mother. She is

<u>performing</u> a good person.".

しかし僕には「 お母さん、 【 だまされてるよ 】。 その女は善人を 【 演じている 】 だけだ」 と言える勇気はなかった。

覚える

* **deceive** 【 だます 】
* **perform** 【 演じる 】

〔96〕 She made my **personality** more **withdrawn**.

あの女は僕の 【 性格 】 をより 【 内向的 】 にした。

> 覚える
>
> * **personality** 【 性格、人格 】
> * **withdrawn** 【 内気な、引きこもりの
> ※withdraw = ひっこめる 】

〔97〕 When I went to the next grade, one of my few friends said to me, "**Why don't you partake in** our baseball team ?".

学年が1つ上がると、数少ない友達の一人が、「 野球チームに 【 入らないか 】 」 と言ってきた。

> 覚える
>
> * **Why don't you ~?** 【 ～しませんか、してはどうですか 】
> * **partake in** 【 加わる、参加する 】

〔98〕 I began to practice baseball and it **<u>attracted</u>** me <u>immediately</u>.

野球を練習し始めると、【 すぐに 】 野球が 【 好きになった 】。

覚える

* **attract** 　【　 心をひく、魅了する 　】
* **immediately** 　【　　 すぐに 　　】

---

〔99〕 Mother **<u>was</u> <u>inherently</u> <u>fond of</u>** baseball.
She always went to see the games I played in.

母は 【 もともと 】 野球が 【 好き 】 だった。いつも試合に出るときは見に来てくれた。

覚える

* **inherently** 　【　 もともと、うまれつき 　】
* **be fond of** ○○ 　【　 ○○が好きである 　】

〔100〕

Since Mother **was similar to** me, my teammates soon **recognized** she was my mother. I **was** **slightly** **ashamed**.When I played **brilliantly**, she **was** so **pleased**.

　母は僕と 【 似ていた 】 ので、チームメートたちはすぐに僕の母だと 【 気づいた 】。それが 【 少し恥ずかしかった 】。僕が 【 活躍する 】 と、 母はとても 【 喜んだ 】。

覚える

＊ **be similar to** ○○ 【　○○と似ている　】

＊ **recognize** ○○ 【　○○を認識する、○○とはっきりわかる　】

＊ **slightly** 【　少し、かすかに　】

＊ **be ashamed** 【　恥ずかしくなる　】

＊ **brilliantly** 【　あざやかに、輝いて
play brilliantly ＝ 活躍する　】

＊ **be pleased** 【 喜ぶ　※please ＝ 喜ばせる 】

〔101〕	Though our family was **needy**, Mother often took me to a **commercial** batting **cage**.

【 貧乏 】 だったなかで、母は僕をよく 【 バッティングセンター 】 に連れて行ってくれた。

覚える

* **needy** 【 貧しい 】
* **commercial** 【 商業の、商売の 】
* **cage** 【 かご、おり 】

〔102〕	I became a junior high school student and joined the baseball club. I **suppose** that Mother **anticipated** my **participation** in the games.

中学へ上がると、野球部に入った。母は僕が試合に 【 出る 】 のを 【 楽しみにして 】 いた 【 だろうと思う 】。

〔103〕 But one **ruthless** teacher **spoiled** Mother's hope.

　しかし、一人の 【 心無い 】 教師が母の希望を 【 ぶち壊し 】 にした。

〔104〕 I unable to forget him even now.　**Due to** him, I've **undergone** few nights I can have a **deep** sleep.

　僕は今でもそいつを忘れられない。そいつ 【 のせいで 】、【 満足に眠れた 】 夜なんか 【 ほとんどなかった 】。

覚える

* **due to** ○○ 　【　　　　○○のせいで　　　】
* **undergo** 　【　　経験する、受ける　　】
* **deep** 　【　深い　　※deep sleep ＝ 熟睡　】

〔105〕

Our club's **advisor** teacher was a man who didn't seem a teacher. He had a **shave**d head and he was always smoking **plenty of cigarettes** **despite** his students were **close to** him.

僕らの部活の 【 顧問 】 教師はとても教師には見えない男だった。スキンヘッドで、 【 近くに 】 生徒がいるにもかかわらずいつも 【 大量のたばこを吸っていた 】。

* **advisor** 【 顧問、相談相手 】
* **shave** 【 毛を剃(そ)る 】
* **plenty of** ○○ 【 大量の○○ 】
* **cigarette** 【 タバコ 】
* **despite** 【 ○○にもかかわらず 】
* **close to** ○○ 【 ○○のすぐ近くに 】

〔106〕 I <u>remember feeling sick</u> when he **approached** me **giving off** a bad smell of cigarettes.

やつがたばこの悪臭を 【 ただよわせ 】 ながら 【 近寄って 】 くるといつも 【 気分が悪くなったのを覚えている 】。

* **remember** ○○ing 【○○したことを覚えている】
* **feel sick** 【 気分が悪くなる 】
* **give off** 【 (においや光などを) 発する、放出する】

〔107〕 He **evidently** **discriminated against** the students he **disliked**.

やつは 【 あからさまに 】 自分の 【 嫌いな 】 生徒を 【 差別した 】。

覚える

* **evidently** 【 明らかに、あからさまに 】

* **discriminate against** ○○ 【 ○○を差別する 】

* **dislike** 【 嫌う 】

---

〔108〕 I was **harassed** by him many times. **Recently**,
リーセントリー
one of my teammates said, "that wasn't
attitude to a human.".

僕は何度も 【 嫌がらせを受けた 】。【 この間 】 、(当時 の) チームメートの一人が 「 あれは人間に対する 【 扱い 】 じゃなかった 」 と言っていた。

〔109〕

Although I was **beside** him, he asked **on purpose** "Is Hombo here?" When I went to **consult** him about my playing, he **ignored** me.

僕が 【 すぐそばに 】 いるのに、【 わざと 】 「 本坊 はいるか 」 と尋ねた。僕がプレーに関して 【 相談 】 し に行くとやつは僕を 【 無視した 】。

[110]

When a ball hit me and I **was in** **terrible** pain, he was laughing at me with **delight**. And in a minute, he **resumed** the practice.

僕が、ボールが当たって 【 ひどく痛がって 】いると、やつは【 嬉しそうに 】笑って、すぐに練習を 【 再開した 】。

* **be in pain** 【 痛がる ※pain = 痛み、苦痛 】
* **terrible** 【 ひどい、おそろしい 】
* **delight** 【 よろこび、うれしさ 】
* **resume** 【 再開する 】

[111]

He had never played baseball. **Therefore**, I **seldom** took **valid** advice from him.

やつは野球を 【 したことがなかった 】。 【 それゆえ 】、【 有効な 】 アドバイスなど 【 ほとんどなかった 】。

覚える

* **therefore** 【 それゆえ 】
* **seldom** 【 ほとんど○○ない 】
* **valid** 【 有効な 】

〔112〕

Every time I made a mistake in the game, he **pressed** me **for** an answer **persistently**, " Why can't you do? Why?　Why? Why? "

　僕が試合でミスをすると、やつは 「 なんでできないの？ なんで？ なんで？ ねえ、なんで？ 」 と 【 しつこく問い 詰めた 】。

覚える

* **press A for B** 【 A に B を押し付ける、強要する 】
* **persistently** 【 しつこく ※persistent ＝ しつこい、がんこな 】

〔113〕

When I **sank into silence**, he **commanded** me

to apologize to the **opponen**t team saying,

" I'm sorry. I am **stupid**. "

　僕が（返事に困って）【 黙り込むと 】、やつは 【 相手
の 】 チームに、「 すみませんでした。僕は 【 馬鹿 】 で
す 」 と言って【 謝ってくるように命じた 】。

覚える

* **sink into silence** 【 黙り込む ※sink = 沈む 】

* **command A to B** 【 A に B するように命じる 】

* **apologize** 【　　　謝る　　　】

* **opponent** 【　　　相手の、反対の　　　】

* **stupid** 【　　馬鹿な、おろかな　　　】

〔114〕 **<u>What was worse</u>**, one morning, when I was going to school **<u>in haste</u>**, I was **<u>run over</u>** by a car and seriously **<u>wounded on</u>** my leg.

【 さらに悪いことに 】 、ある朝僕は学校へ 【 急いで 】 向かっていたら、車に 【 ひかれて 】 脚 【 に大ケガを負った 】。

覚える

* **what is worse** 【 さらに悪いことに 】
* **in haste** 【 急いで 】
* **run over** 【 ひく、あふれる 】
* **be wounded on** ○○ 【 ○○にけがを負う ※wound = 傷 】

80

〔115〕 That **injury disabled me for playing** baseball for several months. It **caused me to decide** to **renounce** baseball.

その 【 ケガ 】 で僕は数か月野球が 【 できなくなった 】。
それは僕に野球を 【 棄てる決心をさせた 】。

覚える

* **injury** 　【　　ケガ、傷　　】
* **disable A for ○○ing** 【 A に○○させなくする 】
* **cause A to B** 　【　　A に B させる　　】
* **renounce** 　【　棄てる、断念する　　】

	When I **conveyed** my **intention**, he said to him,
〔116〕	" I do**n't** need you **in the least**. You are a **mere** 負け犬 underdog ".

　僕が自分の 【 意思を伝える 】 と、やっぱ 「 【 もう要らない 】 お前は 【 ただの 】 負け犬だ」 と言った。

覚える

* **convey** 【 　伝える、運ぶ　 】
* **intention** 【 　　意思　　 】
* **not** ○○ **in the least** 【まったく○○ない (完全否定)】
* **mere** 【 　　ただの、単なる　　 】

	I had **been depressed** for many days. I didn't
〔117〕	talk with anybody in the classroom and my home. I was getting アイソレイティッドゥ isolated.

　僕は何日間も 【 ふさぎこんだ 】。教室でも家でも誰とも話さなかった。僕はだんだん 【 孤立していった 】。

* **be depressed** 【 落ち込む、ふさぎ込む 】
* **be isolated** 【　孤立する、孤独になる　】

〔118〕

<u>Above all</u>, I felt **guilty** (ギルティー) to Mother who had supported me with **eagarness**. But Mother <u>by no means</u> <u>accused</u> me.　She only said to me, "**Reassure** yourself."　How was I saved by Mother's **affection** at that time?

【 何よりも 】、(僕の野球を) 【 熱心に 】支えてくれた母に 【 申しわけなかった 】。しかし母は 【 決して 】 僕のことを 【 責めなかった 】。ただ一言、「 【 (気にしなくて) いいのよ 】 」 と言ってくれた。その時僕は、どれほど母の 【 優しさ 】 に救われただろうか。

覚える

- * **above all** 【 とにかく、何よりも 】
- * **guilty** 【 罪の意識がある、後ろめたい、有罪の 】
- * **eagarness** 【 熱心さ、情熱 】
- * **by no means** 【 決して○○ない ※ = never 】
- * **reassure** 【 安心させる ※○○self とセットで、「安心してください」 】
- * **accuse** 【 責める、責任を問う 】
- * **affection** 【 優しさ、愛情 】

〔119〕 Mother **confided in** my word, "I will **strive to** study," **unlike** the teacher who said, " You won't **alter in** everything at all."

　母は 「(これからは) 勉強を 【 がんばる 】」 といった僕の言葉を 【 信じて 】 くれた。 「 お前はどうせたいして 【 変わらない 】 」 と言った顧問 【 とは違って 】。

* **confide in** ○○ 【 ○○を信じる、信用する 】
* **strive to** ○○ 【 ○○する努力をする 】
* **unlike** ○○ 【 ○○とは違って 】
* **alter in** ○○ 【 ○○において変わる 】

---

〔120〕

I **rejoiced** it and I had **been absorbed in** studying. And I had another **motive** for studying hard.

僕はそれが 【 うれしかった 】 から（それから）勉強に
【 没頭 】 した。そして、僕が勉強を頑張るのにはもう一つ
【 理由 】 があった。

* **rejoice** 【 喜ぶ 】
* **be absorbed in** ○○ 【 ○○に熱中、没頭する

　　　　　　　　　　　　 ※absorb ＝ 吸収する 】
* **motive** 【 ○○する動機、○○させる衝動 】

〔121〕

My science teacher **enlightened me on interest** in study. Thanks to her, I found a new **goal** which can **substitute for** baseball.

（中1～2の時の）理科の先生が僕に勉強の面白さを 【 教えてくれた 】 彼女のおかげで、野球 【 の代わりになる 】 あたらしい 【 目標 】 を見つけた。

覚える

* **enlighten A on B** 【 A に B を教える、啓発する 】
* **interest** 【　　　　興味、面白み　　　　】
* **goal** 【　　　　目標　　　　】
* **substitute for** ○○ 【 ○○の代わりになる 】

〔122〕

Although she was young, she **remarkably excelled in** teaching.

若い先生だったけど、彼女の教え方は 【 とてもうまかった 】。

* **remarkably** 【　非常に、目立って　】　覚える

* **excel in** 【　○○において優れる、秀でる　】

〔123〕

Her **explanation** was **courteous** enough
<small>イクスプラネイション</small>　　　<small>コーティアス</small>

even for me who had never studied hard to

understand. She was so **sagacious** and always

picked out **comprehensible** words which even a

little kid can understand and slowly spoke

and wrote so that we could **keep up with** her.

　彼女の 【 説明 】 はそれまでちゃんと勉強したことなん
かなかった僕でさえも理解できるほど【 丁寧 】　だった。
彼女は 【 聡明 】で、いつも小さな子供でも理解できるよう
な 【 わかりやすい 】 言葉を 【 選び 】 、僕らが 【 遅
れずについてこれる 】 ようにゆっくり話し、板書してくれ
た。

覚える

* **explanation** 【 説明 】
* **courteous** 【 丁寧な 】
* **sagacious** 【 聡明な、賢い 】
* **pick out** 【 選び出す、抽出する 】
* **comprehensible** 【 わかりやすい、理解できる 】
* **keep up with** 【 遅れずについていく 】

〔124〕	Also, she often used unique expressions, for instance, she called Lavoisire (ラボアジェ) "a man with odd name," and called sulfur (硫黄) "a stink."

また、彼女はよくユニークな表現を使った。【 たとえば 】、ラボアジェを 【 変な 】 名前のおっさんと言ったり、硫黄を【 くさいやつ 】 と言ったり。

覚える

* **instance** 【 例、実例 】
* **odd** 【 奇妙な、変な 】
* **stink** 【 悪臭、嫌な臭い 】

〔125〕 I now teach students **<u>various</u>** subjects, but I
<u>notably</u> <u>amuse myself</u> while <u>lecturing</u> science.

僕は現在生徒たちに 【 いろいろな 】 科目を教えている
が、【 特に 】 理科を 【 教えている 】 時が 【 楽しい 】。

> 覚える
>
> * **various** 【　　　いろいろな　　　】
> * **notably** 【　　特に、きわだって　　】
> * **amuse ○○self**【楽しむ　※amuse＝楽しませる】
> * **lecture** 【　　指導する、講義する　　】

〔126〕 It was the **<u>outcome</u>** of my effort that I passed
Waseda Jitsugyo High School **<u>recommended</u>**
by the **<u>principal</u>**.

努力の 【 結果 】、僕は 【 校長推薦 】 で早稲田実業高
校に合格した。

覚える

* **outcome** 【　　結果、成果　　】

* **recommend** 【　推薦する、薦める　】

* **principal** 【　　校長、学長、社長　　】

---

〔127〕

Father **delighted** and **expected me to be** an
international **lawyer**.

父も 【 よろこび 】、僕が 【 国際弁護士になることを期
待した 】。

覚える

* **delight** 【　　喜ぶ、喜ばせる　　】

* **expect A to B** 【 A が B することを期待する 】

* **international** 【　国際、国をまたいだ　】

* **lawyer** 【　　弁護士　　】

〔128〕 **Simultaneously**, my parents had an **obligation**
サイマルテイネアスリー

to pay for my **education**.

【 同時に 】、両親は僕の 【 学費 】 を払う 【 義務 】

を負うことになった。

> 覚える
>
> * **simultaneously** 【 同時に 】
> * **obligation** 【 義務、責任 】
> * **education** 【 教育 】

---

〔129〕 But the **course** I **aspired to** was not a lawer

eventually.

しかし、僕が 【 志した進路 】 は 【 結局 】 弁護士で

はなかった。

> 覚える
>
> * **course** 【 進路、コース 】
> * **aspire to** ○○ 【 ○○を目指す、志す 】
> * **eventually** 【 結局のところ、結果的に 】

〔130〕

When I was in the third grade of the senior high school, in winter, I **was fascinated with** a book written by Risa Wataya, a popular writer, and **set out** writing novels.

高校3年生の冬、僕は人気作家綿矢りささんの本に 【 心惹(ひ)かれ 】、小説を 【 書き始めた 】。

覚える

* **be fascinated with** ○○ 【○○に興味を惹かれる】
* **set out** 【 取り掛かる、○○し始める、出発する 】

〔131〕

During my university days, I had **applied myself** to it. Therefore I wasn't job **hunting**. 就職 活動 I had read **a number of** books.

大学生 【 の間 】、僕はそれ（小説） 【 に没頭した 】。それゆえ、僕は就職活動はしなかった。【 たくさんの 】本を読んだ。

* **during** ○○ 【 ○○の間 ※空間的な意味ではなく期間的な意味で 】
* **apply oneself** 【 没頭する、夢中になる 】
* **hunt** 【 狩る、探し求める 】
* **a number of** 【 たくさんの 】

---

〔132〕 Mother **similarly** likes reading, so she was a **sole** person who **approved** my dream.

母は僕と 【 同じように 】 読書が好きだったので、【 ただ一人 】 僕の夢に 【 賛成 】 してくれた。

* **similarly** 【 同じように 】
* **sole** 【 唯一の、ただ一人の 】
* **approve** 【 賛成する 】

〔133〕 I had **confidence**, but **reality** wasn't **lenient**.

【 自信 】 はあったが、【 現実 】 は 【 甘くなかった 】。

覚える

* **confidence** 【　　　自信　　　】
* **reality** 【　　　現実　　　】
* **lenient** 【　　甘い、寛大な　　】

〔134〕 I couldn't **constitute** one story **at will**.
I could**n't** **accomplish** it **readily**.

【 思いのままに 】 一つのストーリーを 【 構成 】 できなかった。 【 たやすく 】 それ (1つのストーリー) は 【 完成できなかった 】。

覚える

* **constitute** 【　　　構成する　　　】
* **at will** 【　　思いのままに、自在に　　】
* **readily** 【　　たやすく、早急に　　】
* **accomplish** 【　完成する、成し遂げる　】

94

〔135〕 When I was **promoted** to the 4th grade, as I
remained amateur, Father finally **resented**.

（大学）4年に 【 進級した 】 とき、僕がまだ 【 素人 】
のまま（デビューしていない） だったので、ついに父親が
【 激怒した 】。

覚える

* **promote** 【 進級させる、昇進させる 】
* **remain** ○○ 【 ○○のままでいる 】
* **amateur** 【 アマチュア、素人 】
* **resent** 【 憤慨する、嫌う 】

〔136〕 Father asked, "Will you search for an
unexceptional job?" I **replied**, "No. I wanna do
a task I can leave my name to **posterity**."

父は尋ねた。「 お前、【 普通の 】 仕事を探す気はないのか」
僕は答えた。「 ない。おれは自分の名前を 【 後世に 】 残せる仕事がしたいんだ」

覚える

* **unexceptional** 【 ごく普通の、例外でない 】
* **reply** 【 返事する 】
* **posterity** 【 後世の人々、子孫 】

〔137〕

"Do you mean a large **segment** of the
population that can't leave anything is
worthless?"

「 じゃあ (それ以外の)、何も残せない 【 大部分の人間 】
は 【 無価値 】 か」

覚える

* **segment** 【 部分、区分 】
* **population** 【 人口、人々 】
* **worthless** 【 価値のない 】

〔138〕	My **offhand** word **provoked** Father who had worked as an office worker for **decades**.

僕の 【 うかつな 】 一言がサラリーマンを 【 何十年も 】 やってきた父の 【 逆鱗に触れた 】。

```
                                                          覚える
* offhand  【   不用意な、何気ない   】
* provoke 【 怒らせる、イラつかせる、引き起こす 】
* decade  【     10 年間      】
```

〔139〕	After that, I couldn't **succeed**. Even if I sent my **manuscript**, there was no reaction from **publishers**.

その後も、【 うまくいかなかった 】。 【 原稿 】 を送っ ても、【 出版社 】 からの反応はなかった。

> 覚える

* **succeed** 【 成功する、うまくいく 】

* **manuscript** 【　　　原稿　　　】

* **publisher** 【　　　出版社　　　】

---

〔140〕 At last, I had become unable to write even one <u>line</u>. My <u>enthusiasm</u> had been <u>shattered</u> <u>entirely</u>.

ついには、【 1行 】 すらも書けなくなった。 【 情熱 】は 【 完全にくじかれていた 】。

> 覚える

* **line** 【　　　行　　　】

* **enthusiasm** 【　　情熱、熱狂　　】

* **shatter** 【　　くじく、粉々にする　　】

* **entirely** 【　　完全に、まったく　　】

〔141〕 I began to **seek** my other **capability**.

僕は他の 【 可能性 】 を 【 さがし 】 始めた。

覚える

* **seek** 【 さがす 】
* **capability** 【 可能性、才能、素質 】

〔142〕 I got another goal. When I watched M1 **Grand Prix** 2007, I **was impressed with** the Manzai **scenario** written by Mr.Omura. Its **degree** of **completion** was **overwhelming**. I **adored** him.

そして僕はもう一つの目標を見つけた。M1 グランプリ 2007 を見たとき、僕は大村さんの書いた漫才の 【 脚本 】 に【 感動した 】。 その 【 完成度 】 は 【 圧巻だった 】。 僕は大村さんに 【 あこがれた 】。

※ M1 グランプリ　年に１回開催される漫才の全国大会
※ 大村さん　漫才コンビ 「トータルテンボス」 ボケ担当　大村明宏さん

覚える

* **grand** 【 雄大な、壮大な、豪華な 】
* **be impressed with** 【 感動する 】
* **scenario** 【 筋書き、シナリオ 】
* **degree** 【 程度 】
* **completion** 【 完成 】
* **overwhelming** 【 圧倒的な、とびぬけた 】
* **adore** 【 あこがれる、慕う、崇める 】

| 〔143〕 | <u>Instantly</u>, I started to write Manzai scenario and go to a training school to **acquire** **acting**. |

【 早速 】、漫才の脚本を書き始め、【 演技を身につけ 】ようと養成所に通い始めた。

覚える

* **instantly** 【 即座に、ただちに 】
* **acquire** 【 得る、習得する 】
* **act** 【 演じる、行動する 】

| 〔144〕 | But I couldn't **produce** any results, and in 2010, M1 Grand Prix ended.　My hope <u>collapsed</u>. |

しかしこれといった成果も【 産みだせ 】ないまま、2010年にＭ１グランプリは終了した。夢が 【 ついえて 】 しまった。　　　　　　※ Ｍ１グランプリは2015年に再開されました

覚える

* **produce**　　【　　産みだす、生産する　　】
* **collapse**　　【　　　倒れる、つぶれる　　　】

| 〔145〕 | <u>In contrast</u>, my part-time work as a cram school teacher had **got along beyond** my <u>expectation</u>. |

【 対照的に 】、塾講師のバイトは僕の 【 予想を超えて順調 】 だった。

* **in contrast** 【 ○○とは対照的に、反対に 】
* **get along** 【 (仕事などが)うまくいく、(人と)うまくやっていく 】
* **beyond** ○○ 【 ○○を超えて、○○以上に 】
* **expectation** 【 予想、期待 】

---

〔146〕

I didn't care I would be a part-timer forever. I was **desperate**. At such the worst time, a serious disease attacked Mother.

もう一生アルバイトでいいやなどと思っていた。 【 投げやり 】 になっていた。そんな最悪のタイミングで母が病魔に襲われた。

* **desperate** 【 投げやりな、絶望的な 】

第4章　母の最期

3年間の闘病もむなしく、ついに最期の日が来てしまう。

それは人生最悪の一日だった。

〔147〕 Cancer had **undermined** Mother **consistently**.
One morning, Mother's **physical** condition
changed **abruptly**.

がんは【 着実に 】母を【 むしばんでいた 】。ある朝、
母の 【 体の 】 具合が 【 急変 】 した。

覚える

* **undermine** 【　むしばむ、徐々に弱らせる　】
* **consistently** 【　着実に、一貫して　】
* **physical** 【　身体の、肉体の　】
* **abruptly** 【　急に、突然　】

〔148〕 She **refused** all food and got **pale**.

母はすべての食事を 【 拒否 】 し、【 青ざめて 】いた。

覚える

* **refuse** 【　拒否する、拒絶する　】
* **pale** 【　青白い、青ざめた　】

〔149〕

We had to take her to the hospital **promptly**.
But Mother didn't have enough **strength**
to get up.

【 すぐに 】病院に連れて行かなくてはならなかったが、母
には起き上がる 【 力 】 さえなかった。

覚える

* **promptly** 【　即座に、速やかに　】
* **strength** 【　　力　　】

〔150〕

While waiting for an ambulance's **arrival**,
Mother said **over and over**, "Be happy.
I **entrust** Father to you."

【 救急車 】 の 【 到着 】 を待っている間、母が 【 繰り
返し 】 「 幸せになるのよ。パパを 【 頼んだよ 】 」 と
言っていた。

* **arrival** 【 到着、出現 】
* **over and over** 【 繰り返し、何度も 】
* **entrust** 【 任せる、預ける 】

---

〔151〕 I <u>disregarded</u>. I thought it meant <u>farewell</u>.
I <u>hesitated</u> to <u>receive</u>.

僕は 【 聞こえないふりをした 】。 【 お別れ 】 を意味す
ると思ったから。そんなの 【 受け入れたくなかった】。

* **disregard** 【 無視する 】
* **farewell** 【 別れ、告別 】
* **hesitate** 【 嫌がる、ためらう 】
* **receive** 【 受け入れる、受け取る 】

〔152〕 Three years had passed since Mother had **fallen ill**. I **had a good grasp** anything could happen.

母が 【 病気になって 】 から3年たっていた。 いつ何が 起こってもおかしくないことはよく 【 理解していた 】。

> 覚える

* **fall ill** 【　　　病気にかかる　　　】
* **grasp** 【　理解、把握、つかむこと　】

〔153〕 But I couldn't make **mental preparation**.

しかし、【 心の準備 】 などできなかった。

> 覚える

* **mental** 【　　　心の、精神の　　　】
* **preparation** 【　　　準備　　　】

| 〔154〕 | The **diagnosis** was that there were two **tumors** **transferred** from her **lungs** to her brain. |

【 診断 】 は脳に 【 肺から転移してきた腫瘍 】 があるというものだった。

* **diagnosis** 【 診断 】
* **tumor** 【 腫瘍 】
* **transfer** 【 移動する、転移する 】
* **lung** 【 肺 】

覚える

| 〔155〕 | An **urgent** operation was done and Mother barely **escaped** death . |

【緊急】手術が行われ、母はどうにか一命を【とりとめた】。

* **urgent** 【 緊急の 】
* **escape** 【 逃れる、免れる 】

覚える

| 〔156〕 | We <u>felt at ease</u> <u>fleetingly</u>, Mother's condition had been getting worse and worse. |

【 安心したのもつかの間 】、母の容態は（術後も）悪くなっていくばかりだった。

* **feel at ease**　【　　　安心する　　　】
* **fleetingly**　【　一瞬に、つかの間に、はかなく　】

| 〔157〕 | "I can't cure your mother any more," the <u>primary</u> <u>physician</u> said to me. |

「 これ以上お母さんを治療することはできない」 【 主治医 】 が僕に言った。

* **primary**　【　第一の、最上位の　】
* **physician**　【　医師、内科医　】

| 〔158〕 | "She doesn't have enough strength to **endure anguish** of anticancer drug." |

「 もう抗がん剤の 【 苦しみに耐える 】 体力が残されていない 」

覚える

* **endure** 【 耐える、我慢する 】
* **anguish** 【 苦痛、苦悶 】

| 〔159〕 | It was so **dreadful** to **ascertain** what he meant. |

その言葉が意味することを 【 確かめる 】 のはとても 【 恐ろしいこと 】 だった。

覚える

* **dreadful** 【 恐ろしい、ひどい、嫌な 】
* **ascertain** 【 確かめる、確認する 】

〔160〕	Mother soon became **confined** to her bed, and she **occasionally** got **delirious**, so we didn't know she was awake or sleeping.

　母は間もなく 【 寝たきり 】 になり、 【 時折 】、 【 う
わごとを言う状態 】 になり、もはや起きているのか眠って
いるのかもわからなくなった。

覚える

* **confine** 　【 　限定する、閉じ込める、縛り付ける 】
* **occasionally** 　　【 　　　時折、時たま　　　 】
* **delirious** 　【 意識が定かでない状態、正気を失った状態 】

〔161〕

When I **clasped** her slightly warm hand,
I found the shape of her fingernails were
similar to those of mine. If I had spent more
time with mother, I could have found more
resemblances. It was too late.

母のかすかに温かい手を 【 握る 】 と、爪の形が自分と
似ていることに気づいた。もし母ともっと多くの時間を一緒
に過ごしていれば、他にもたくさん 【 似ているところ 】 を
見つけることができたのに、なんて思ったけど、もう手遅れ
だった。

覚える

* **clasp** 【　握りしめる、引き締める　】

* **resemblance** 【　類似性、類似点　】

〔162〕

"Mom, I **bore** three sons. They are really **darling**. I **brought up** them **with all my might**," Mother **murmured** as if her own mother had been there. That was the final word I listened to.

「 お母さん、私ね、男の子3人も 【 産んだ 】 んだよ。みんなね、本当に 【 可愛い 】 んだよ。私ね、【一生懸命、育てたんだよ 】 」 母が 【つぶやいた】。まるで、そこに母のお母さん（僕にとってはおばあちゃん）がいるかのように。そしてそれが、僕が聞いた母の最後の言葉だった。

> 覚える
>
> * **bear** 【　　産む　　】
> * **darling** 【　（愛しているという意味で) 可愛い、お気に入りの 】
> * **bring up** 【　育てる　】
> * **with all ○○'s might** 【 一生懸命、全力で ※might＝力 】
> * **murmur** 【　ささやく、つぶやく　】

〔163〕

The next day, Mother was moved to a

hospice, a room for **terminally** ill patients,

we could only wait for "the time."

I still continued to **beg** Mother's breathing

not to stop until the last moment.

その翌日、母は 【 ホスピス 】 (【 末期の 】 患者の ための部屋) に移された。僕たちはただ、「その時」を待つ ことしかできなかった。それでも僕はどうか母の呼吸が止ま らないでほしいと最期の瞬間まで 【 願い 】 続けていた。

覚える

* **hospice** 【 ホスピス 】
* **terminally** 【 末期的に、一定期間に 】
* **beg** 【 願う、懇願する 】

２０１６年１月２０日午後１１時３２分

母・本坊美佐代　永眠

まさか母との別れがこんなに早く訪れるなんて夢にも思っていませんでした。いつも一緒にいるのが当たり前だったから、いつまでも一緒にいられるような気になっていたのかもしれません。

　皆さんも決して他人事とは思わないでください。あなた自身のお母さんとの別れは、残念ながらいつか必ずやってきます。そしてそれは、いつやってくるかもわからないし、皆さんが思っているよりもずっと近い未来の話かもしれません。あなたがこの先お母さんと一緒に過ごせる時間は、実はそんなに長くはないかもしれません。

　この本を最後まで読んでくださった受験生の皆さんにどうしても約束してほしいことがあります。それは、入学試験本番の日まで精いっぱいの努力をすること。そして、すべてが終わった後、ここまであなたを陰で支えてくれたお母さんに感謝の気持ちを伝えること。そしてこれから親元を離れ、それぞれ自分の希望する人生を歩みだした後、思い通りにい

かなくて自信を無くしたり、周囲の人と理解しあえず悩んだりしたとき、あなたをだれよりも愛して大切に育ててくれた人がいることを思い出してください。

　あなたの幸せをだれよりも願っている人がいることを常に忘れないでいてください。

　そしてもしあなた自身にも誰よりも大切な存在ができたときには、精いっぱいの愛情を注いでください。

　皆さんの合格と、社会でのご活躍を願っています。それでは受験勉強がんばってください。

２０２０年５月１０日　本坊陽久

おまけ

雑学・豆知識で覚える英単語・英熟語

〜共通テストから MARCH レベル〜

- -

次回制作予定の「雑学・豆知識で覚える英単語・英熟語」の「第1章　動物編」の内容を一部抜粋しております。本番試験まで時間に余裕のある方はぜひ読んでみてください。

〔1〕 <u>Sloths</u> <u>require</u> more than one month to <u>digest</u> food, so they sometimes <u>starve</u> <u>even though</u> their <u>stomach</u> is full.

【 ナマケモノ 】は食べ物を【 消化 】するのに1か月以上かかる。そのため、【 お腹 】いっぱい【 なのに飢死 】することがある。

覚える

* **sloth** 【（動物の）ナマケモノ、（人の性格的な意味で）怠け者 】
* **require** 【 必要とする、要求する 】
* **digest** 【 消化する 】
* **starve** 【 餓死する、飢える 】
* **even though** ○○【 ○○であっても、○○なのに 】
* **stomach** 【 胃袋、お腹 】

| 〔2〕 | when rhinoceroses find a fire, they **trample** and **put out** it **instinctively**. |

サイは火を見ると 【 本能的に踏みつけて消してしまう 】 。

覚える

* **trample** 【　　　踏みつける　　　】
* **put out** 【　　消す、失わせる　　】
* **instinctively** 【 本能的に　※ instinct = 本能 】

| 〔3〕 | <u>On one occasion</u>, a cat **acted as** a **mayor** for 20 years in the **state** of Alaska. |

【 かつて 】 アラスカ州で２０年間 【 市長を務めた 】 猫がいる。

	When we **encounter** a bear, <u>it is no use</u> <u>pretending to</u> sleep. It eats **dead flesh**, too.
〔4〕	

クマと 【 出くわした 】 とき、 【 寝たふりをしても無駄である 】。 クマは 【 死んだ動物の肉 】 も食べる。

122

〔5〕 A **giraffe** sleeps for **no more than** 20 minutes. It must eat **large quantity of grass** to **take** enough **nourishment** to live, so **meal** time is **endlessly** long.

【 キリン 】 は20分 【 しか 】 眠らない。 キリンは生きるために十分な 【 栄養を摂取する 】 のに 【 多量の草 】 を食べなくてはならない。 そのため、【 食事 】 の時間が 【 果てしなく 】 長いのである。

覚える

* **giraffe**　【　　キリン　　】
* **no more than** ○○　【　○○しか、多くとも○○ = only 】
* **large quantity of**　【 多量の ※ quantity = 量 】
* **grass**　【　　草　　】
* **take**　【　　摂取する　　】
* **nourishment**　【　　栄養　　】
* **meal**　【　　食事　　】
* **endlessly**　【　　果てしなく　　】

| 〔6〕 | The majority of worker ants are **actually** not working   just **hanging around**. |

はたらきアリの 【 大部分 】 は 【 実際は 】 働いていない。ただ 【 うろうろ 】 しているだけである。

> 覚える
> * **the majority of** ○○ 【 ○○の大部分、多数 】
> * **actually** 【   実際は   】
> * **hang around** 【 うろうろする、ぶらぶらする 】

| 〔7〕 | White bears' hair is **transparent**. It looks white **by reflecting** sunlight. **Incidentally**, their **skin** is black. |

シロクマの体毛は 【 透明 】 である。太陽光を 【 反射することで 】 白く見える。 【 ちなみに 】 シロクマの 【 皮膚 】 は黒い。

* **transparent** 【　　透明な　　】
* **by ○○ing** 【　○○することによって　】
* **reflect** 【　　反射する、反映する　　】
* **incidentally** 【　ちなみに、ついでに言えば　】
* **skin** 【　皮膚　】

---

〔8〕 <u>Dainosours'</u> color is decided **haphazardly** because there is no scientific **evidence** to **define** it.

【恐竜】の色は【でたらめに】決められている。なぜなら、それを【定義】する科学的【根拠】がないからだ。

* **dainosour** 【　恐竜　】
* **haphazardly** 【　でたらめに、やみくもに　】
* **evidence** 【　根拠、証拠　】
* **define** 【　定義する　】

〔9〕 A cockroach's wing and a **shrimp**'s **tail** have the **identical ingredients**.

ゴキブリの羽と 【 エビの尻尾 】 は 【 同じ成分 】 である。

覚える

* **shrimp** 【 エビ 】
* **tail** 【 しっぽ 】
* **identical** 【 同一の、等しい 】
* **ingredient** 【 成分、材料 】

〔10〕 Cats **were brought over** from China **simultaneously** with the **introduction** of Buddhism to **secure essential scriptures** from **mice**.

ネコは仏教の 【 伝来とともに 】 中国から 【 大事な経典 】 をネズミ 【 から守る 】 ために 【 渡ってきた 】。

* **be brought over** 【 渡ってくる、持ち込まれる 】

* **simultaneously** 【 同時に 】

* **introduction** 【 紹介、導入、伝来、初輸入 】

* **secure** 【 守る 】

* **essential** 【 大事な、本質的な 】

* **scripture** 【 経典、聖書 】

* **mice** 【 ネズミ mouse の複数形 】

See you next time!

［ 本坊 陽久 （ほんぼう・あきひさ） ］

　1987年　東京都三鷹市生まれ。早稲田大学教育学部卒業。大学在学時から学習塾で講師を務め、卒業後、個別教室のトライ・トライ式高等学院でプロ講師に就任。大学受験生を教えながら、自分に大学受験経験がない（内部進学のため）ことをコンプレックスに感じ、27歳の時に出直し受験し、慶応大学文学部に一般入試で合格。自身があまり周囲の大人に言いたいことを言えない内気な少年であったこともあり、「友達のように何でも話せる先生」を目指し、生徒との学習以外のコミュニケーションも大事にしている。座右の銘は「生徒に敬語を使われたら負け」

母に捧げる英単語・英熟語
〜共通テストからMARCHレベル〜

2020年8月24日　初版発行

著者	本坊 陽久
発行者	千葉 慎也
発行所	アメージング出版（合同会社AmazingAdventure）
	（東京本社）　〒103-0027　東京都中央区日本橋3-2-14
	新槇町ビル別館第一2階
	（発行所）〒512-8046 三重県四日市市あかつき台1-2-108
	電話　050-3575-2199
	E-mail info@amazing-adventure.net
発売元	星雲社（共同出版社・流通責任出版社）
	〒112-0005 東京都文京区水道1-3-30
	電話　03-3868-3275
印刷・製本	シナノ書籍印刷